VIRGINIE FRATELLI

369
JOURNAL DE
MANIFESTATION

ACTIVEZ LA LOI DE L'ATTRACTION
ET CONCRÉTISEZ VOS DÉSIRS

CE JOURNAL DE MANIFESTATION APPARTIENT À :

....

OFFERT PAR :

....

Édition : BoD · Books on Demand, 31 avenue Saint-Rémy, 57600 Forbach, bod@bod.fr
Impression : Libri Plureos GmbH, Friedensallee 273, 22763 Hamburg (Allemagne)
ISBN : 978-2-3225-4318-2
Dépôt légal : Janvier 2025

SOMMAIRE

Bienvenue dans votre voyage de manifestation

Bienvenue à vous, créateur et créatrice de votre réalité. Ce journal est bien plus qu'un simple carnet, c'est un espace sacré où vos rêves prennent vie, un compagnon dans votre cheminement vers une vie alignée avec vos plus belles intentions.

Nous vivons dans un univers où chaque pensée, chaque émotion et chaque action émet une vibration. Ces vibrations, invisibles mais puissantes, façonnent notre réalité au quotidien. Ce journal a été conçu pour vous aider à canaliser ces vibrations de manière intentionnelle et consciente, grâce à une méthode simple et accessible : la méthode 3-6-9.

Ici, il n'y a pas de place pour la pression ou les jugements. Vous êtes exactement là où vous devez être, et chaque mot que vous poserez sur ces pages sera une graine semée dans le jardin de vos rêves. Prenez une grande inspiration et laissez-vous guider par la magie de la manifestation.

L'objectif de ce journal

Pourquoi ce journal existe-t-il ? Pour vous offrir un outil puissant, pratique et transformateur. En utilisant la méthode 3-6-9, vous apprendrez à activer la loi de l'attraction pour attirer ce que vous désirez dans votre vie. Qu'il s'agisse d'un nouveau départ, d'une opportunité ou d'un état de sérénité, ce processus vous aidera à aligner vos pensées, vos émotions et vos actions avec vos intentions les plus profondes.

Ce journal est un engagement envers vous-même, une invitation à créer un moment quotidien pour vous connecter à vos rêves et leur donner l'attention qu'ils méritent.

Pourquoi manifester ?

La manifestation est une pratique qui commence par une prise de conscience : celle que nous avons le pouvoir de choisir notre réalité. Tout ce que vous vivez aujourd'hui est le résultat de vos pensées, croyances et émotions passées. C'est une bonne nouvelle, car cela signifie que vous pouvez transformer votre futur en modifiant ce sur quoi vous portez votre attention.

Manifester, c'est poser une intention claire, concentrer votre énergie sur ce que vous voulez vraiment, et faire confiance à l'univers pour orchestrer les détails. Cependant, ce n'est pas une simple liste de souhaits. La véritable magie de la manifestation repose sur deux piliers :

1. **La clarté de vos intentions :** Lorsque vous savez exactement ce que vous voulez, vous envoyez un message puissant à l'univers. Une intention floue entraîne des résultats flous. Prenez le temps de définir vos désirs avec précision et honnêteté.
2. **L'émotion et la constance :** L'univers ne répond pas uniquement à ce que vous dites, mais surtout à ce que vous ressentez. Ressentez dès aujourd'hui la joie, la gratitude et l'excitation de vivre ce que vous souhaitez. En répétant ce processus régulièrement, vous renforcez votre vibration et devenez un aimant irrésistible pour vos rêves.

Se lancer dans ce voyage de manifestation, c'est accepter de devenir un co-créateur actif de votre existence. C'est un acte de foi en vous-même, en vos capacités et dans les possibilités infinies de la vie.

Prenez ce journal comme une opportunité d'explorer ce qui est vraiment important pour vous, de transformer vos pensées en réalités, et d'embrasser le pouvoir immense que vous avez toujours porté en vous. Ce chemin est le vôtre. Je suis honorée de vous accompagner dans cette belle aventure.

Alors, prêt(e) à écrire votre réalité ?

Comprendre
la Loi de l'Attraction

Qu'est-ce que la Loi de l'Attraction ?

La Loi de l'Attraction est l'une des lois fondamentales de l'univers. Elle repose sur une vérité à la fois simple et puissante : vous attirez dans votre vie ce sur quoi vous concentrez votre énergie et vos pensées. Si vous orientez votre attention vers des pensées positives et nourrissez des émotions élevées, comme la gratitude ou la joie, vous attirerez des expériences qui correspondent à ces vibrations. Mais l'inverse est tout aussi vrai : si vous restez focalisé sur le manque, le doute ou la peur, ces éléments risquent de se manifester dans votre réalité.

Imaginez votre esprit comme une station de radio. Si vous voulez écouter de la musique relaxante, vous devez régler la fréquence sur la bonne station. Si vous êtes sur la fréquence de la peur, de l'impatience ou du doute, vous ne recevrez que des résultats en phase avec ces vibrations. Cependant, en ajustant votre fréquence à des émotions comme la confiance, l'amour ou l'abondance, vous invitez l'univers à vous offrir des expériences qui résonnent avec ces sentiments.

Les pensées agissent comme des signaux, mais ce sont vos émotions qui en amplifient la portée et attirent des expériences correspondantes. Plus vos émotions sont intenses et alignées sur vos intentions, plus elles renforcent la connexion avec ce que vous souhaitez manifester.

Imaginez une journée où vous vous sentez triste ou en colère. Il est probable que vous attiriez des situations ou des personnes qui amplifieront cet état d'esprit. Par exemple, vous pouvez croiser davantage de visages fermés, ou voir des incidents qui renforcent votre frustration. En revanche, lorsque vous êtes dans un état d'esprit positif, votre expérience se synchronise avec cette énergie : vous croisez des personnes souriantes, recevez des compliments inattendus, ou trouvez des solutions là où il n'y en avait pas auparavant.

Imaginez que vous êtes enceinte ou que vous venez d'apprendre qu'un proche attend un bébé. Tout à coup, il vous semble que vous voyez partout des femmes enceintes, des poussettes ou des publicités pour des articles de puériculture. Pourtant, ces éléments faisaient déjà partie de votre environnement, mais vous ne les remarquiez pas avant. C'est exactement comme ça que la Loi de l'Attraction fonctionne : quand vous vous concentrez sur un objectif ou un désir précis, votre esprit commence à repérer et attirer les opportunités et expériences en phase avec cette intention.

Ce n'est pas de la magie, mais une interaction entre vos pensées, vos émotions et l'énergie universelle. La Loi de l'Attraction, utilisée de manière consciente, vous permet de devenir la créatrice active de votre vie. Cependant, il est important de rappeler que cette loi n'est pas infaillible. Les résultats ne se manifesteront pas toujours immédiatement ou de la manière exacte que vous imaginez. L'univers agit à sa manière, et parfois, il a des surprises encore plus grandes à vous offrir que celles que vous imaginez. La constance, la foi et l'alignement de vos émotions avec vos intentions jouent un rôle essentiel, mais il n'y a pas de garanties absolues. Cela dit, plus vous vous ouvrez à cette pratique avec confiance et patience, plus vous êtes susceptible de voir des changements positifs dans votre vie.

Ce schéma montre comment la loi de l'attraction fonctionne :

vos pensées (et croyances) génèrent des émotions qui amplifient l'énergie que vous envoyez à l'univers, attirant ainsi les résultats que vous souhaitez manifester.

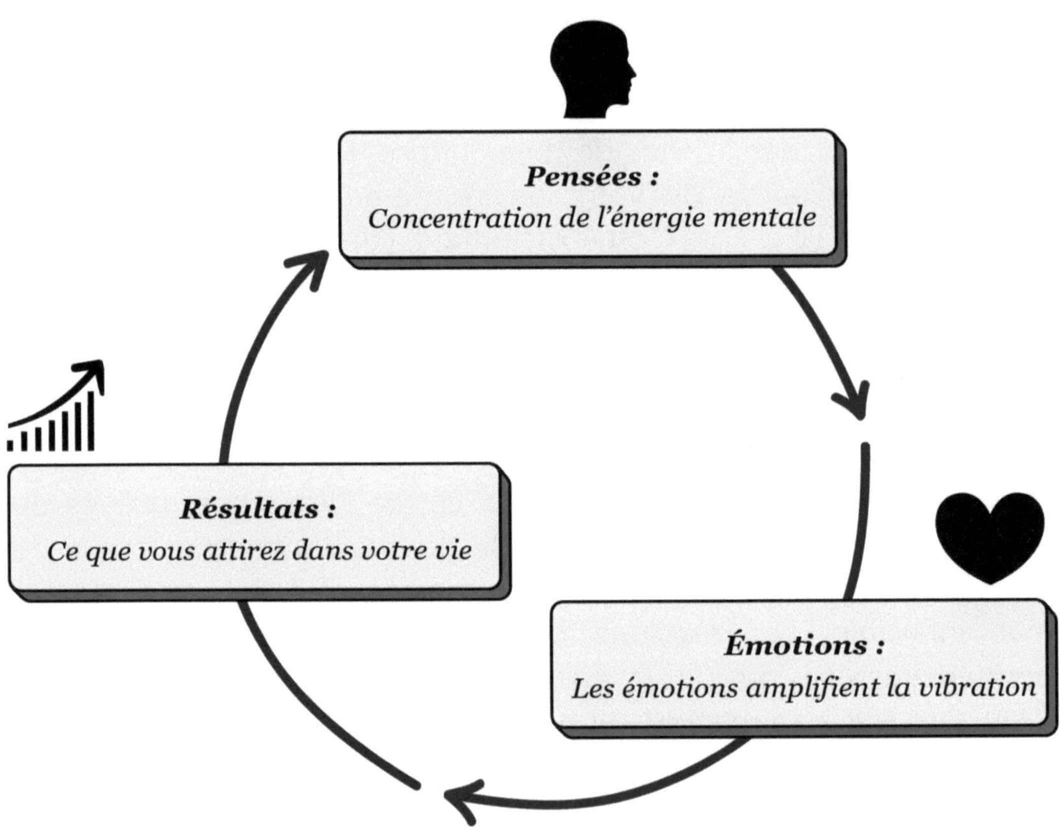

Les Clés de la Manifestation Réussie

Manifester peut sembler simple en théorie — penser positivement et attirer ce que l'on souhaite — mais en réalité, il est crucial de comprendre que c'est un processus conscient. Cela nécessite une attention particulière à trois éléments essentiels : la clarté de l'intention, la confiance dans le processus, et l'activation des émotions positives et de la gratitude. Ces trois principes, lorsqu'ils sont appliqués ensemble, créent une synergie puissante qui vous permettra de manifester vos désirs avec efficacité.

1. Clarté de l'intention : Formulez vos désirs avec précision

Avant de faire une demande à l'univers, prenez le temps d'identifier clairement ce que vous voulez. Imaginez que l'univers soit un serveur dans un restaurant : il ne peut pas deviner vos envies si votre commande est floue. Si vous demandez simplement "du bonheur" ou "une meilleure situation", vous envoyez un message ambigu.

Voici un exemple concret : au lieu de dire simplement : "Je veux un travail", formulez : "Je trouve un emploi épanouissant, dans une entreprise qui respecte mes valeurs, où je me sens valorisé(e), avec un salaire confortable."

Les détails sont importants. Plus votre intention est précise, plus vous envoyez un message clair à l'univers. Toutefois, il ne faut pas chercher à tout contrôler. Laissez une part de flexibilité pour permettre à vos désirs de se manifester de la manière la plus alignée possible avec vos attentes.

2. Confiance dans le processus : Lâchez prise et croyez en vos rêves

La confiance est souvent l'étape où beaucoup rencontrent des difficultés. Une fois votre intention définie, il est crucial de lâcher prise. Cela ne signifie pas abandonner vos objectifs, mais plutôt cesser de douter ou de vouloir tout contrôler. Il s'agit de faire confiance au processus de manifestation et d'accepter que les choses se dérouleront à leur propre rythme.

Pensez à cela de cette manière : manifester ne consiste pas à forcer les choses. Imaginez que vous plantez une graine dans la terre. Vous ne pouvez pas creuser tous les jours pour vérifier si elle pousse. Vous devez lui accorder le temps nécessaire pour germer, tout en lui fournissant ce dont elle a besoin : de l'eau, du soleil et de l'attention.

La confiance implique aussi de croire que l'univers agit toujours pour votre bien, même si les résultats ne se manifestent pas immédiatement. Parfois, ce qui semble être un obstacle est en réalité une redirection vers quelque chose de bien plus grand. Votre rôle est de continuer à émettre vos intentions avec foi et d'ouvrir votre esprit aux opportunités qui se présenteront.

Une fois que vous avez confiance dans le processus, nourrir des émotions positives devient un élément clé pour faire avancer votre manifestation. Ces émotions ne sont pas seulement une réponse à des événements externes, mais un langage puissant que votre cerveau utilise pour confirmer ce que vous désirez profondément. Lorsque vous ressentez ces émotions, vous ne faites pas que les vivre, vous envoyez un message clair à l'univers et à votre subconscient : ce que vous ressentez est déjà une réalité. Cette réponse émotionnelle active des changements profonds dans votre comportement et dans la réalité qui vous entoure.

3. Émotions positives : Le langage du cerveau

Vos émotions ne sont pas de simples réactions ; elles forment un langage puissant que votre cerveau utilise pour interpréter et prioriser vos désirs. Une émotion intense envoie un signal clair à votre subconscient : "Ceci est important."

Le cerveau humain, notamment la région appelée le système limbique, ne fait pas de distinction entre une émotion vécue réellement et une émotion imaginée de manière vivante. Ainsi, lorsque vous ressentez la joie, la gratitude ou l'enthousiasme liés à un objectif futur comme s'il était déjà accompli, vous trompez littéralement votre cerveau : il pense que cet état est déjà une réalité.

C'est là que la magie opère. Une fois que votre cerveau croit que ce que vous visualisez est réel, il commence à ajuster vos habitudes, vos perceptions et vos comportements pour aligner votre réalité avec cet état émotionnel.

Exemple concret : Imaginez que vous souhaitez manifester un emploi de rêve. Si vous visualisez votre réussite – ressentant la fierté, la confiance, et la gratitude d'avoir déjà cet emploi – votre cerveau activera des circuits neuronaux qui renforceront votre assurance. Cela influencera vos actions : vous postulerez avec plus de confiance, serez plus convaincant(e) lors des entretiens, et remarquerez des opportunités que vous n'auriez peut-être pas vues auparavant.

Cependant, il ne suffit pas de ressentir une émotion positive une seule fois. Ce n'est pas seulement l'expérience ponctuelle de ces émotions qui importe, mais leur répétition continue. C'est cette répétition qui crée les nouveaux schémas neuronaux nécessaires pour manifester de manière durable.

Habitudes, Actions et Impact Durable

Vos émotions répétées façonnent vos habitudes, et vos habitudes définissent votre vie. Lorsque vous cultivez régulièrement des émotions positives liées à vos désirs, vous modifiez littéralement la structure de votre cerveau. Ce processus est appelé neuroplasticité, un terme désignant la capacité du cerveau à se réorganiser et à créer de nouvelles connexions neuronales en fonction de vos expériences et de vos pensées.

Pourquoi cela est-il crucial ? Parce que vos habitudes, souvent gérées par votre subconscient, sont le moteur de vos actions quotidiennes. En "reprogrammant" votre subconscient grâce à des émotions élevées et répétées, vous influencez vos choix, vos comportements et vos décisions, même sans en avoir conscience. À terme, cela vous pousse à agir instinctivement de manière alignée avec vos objectifs.

Exemple concret : Si vous cultivez des émotions de santé et de vitalité, votre subconscient guidera vos actions vers des choix qui favorisent votre bien-être, comme choisir des aliments nourrissants ou adopter une routine d'exercice. De même, si vous vous concentrez sur l'abondance financière, votre esprit identifiera des opportunités pour augmenter vos revenus, même si elles étaient invisibles auparavant.

La Science et la Manifestation

Ce que beaucoup perçoivent comme un phénomène mystique est en réalité soutenu par la science. Les neurosciences modernes confirment largement le processus de manifestation. Le cerveau humain est capable de se réorganiser et de créer de nouvelles connexions neuronales en fonction de nos pensées et expériences, un phénomène appelé neuroplasticité. Cette capacité du cerveau à remodeler ses circuits neuronaux est essentielle dans le processus de manifestation, car elle permet de renforcer les habitudes et les perceptions alignées avec vos désirs. En cultivant des émotions positives et en visualisant vos objectifs, vous activez cette neuroplasticité, rendant les connexions liées à vos intentions de plus en plus fortes.

Les recherches neuroscientifiques montrent que :

- La visualisation active les mêmes zones cérébrales qu'une expérience réelle : Lorsque vous visualisez un objectif en détail et avec émotion, votre cerveau enregistre cette image comme un souvenir. Cette expérience mentale devient aussi réelle pour lui que si vous l'aviez vécue. Cela renforce votre croyance en la possibilité de ce que vous manifestez et vous aide à agir dans cette direction.

- L'activation émotionnelle façonne vos décisions : Les émotions intenses influencent directement le cortex préfrontal, la région du cerveau liée à la prise de décision. Plus vous ressentez des émotions positives, plus vos choix et actions s'orientent naturellement vers la réalisation de vos désirs. En cultivant des émotions élevées, vous renforcez les connexions neuronales qui vous poussent à faire des choix en phase avec vos objectifs.

- La répétition crée des habitudes durables : Lorsque vous répétez vos intentions avec émotion, comme dans la méthode 3-6-9, vous consolidez les circuits neuronaux associés à votre objectif. Ces circuits deviennent de plus en plus forts avec le temps, transformant vos pensées conscientes en actions subconscientes. La répétition est la clé qui transforme l'intention en réalité tangible.

La Magie de la Loi de l'Attraction

C'est ici que réside la magie de la Loi de l'Attraction : elle ne fonctionne pas seule. Elle repose sur un échange constant entre vos actions conscientes et la manière dont vos pensées et émotions influencent votre subconscient. La Loi de l'Attraction s'appuie sur votre capacité à transformer vos pensées et émotions en actions alignées avec vos désirs.

La Loi de l'Attraction est bien plus qu'une simple croyance : c'est un processus scientifique et psychologique puissant. Elle mobilise à la fois votre conscient et votre subconscient, créant une interaction entre vos pensées, vos émotions et vos actions. Lorsque vous ressentez dès maintenant les émotions liées à vos désirs, vous programmez votre esprit pour transformer ces intentions en réalité.

Rappelez-vous : ce n'est pas seulement un acte de foi, mais une véritable reprogrammation mentale et émotionnelle. En prenant le contrôle de vos pensées, en cultivant des émotions positives et en activant consciemment vos intentions, vous ouvrez la porte à une vie alignée avec vos désirs. Votre subconscient fera ensuite le reste, guidant vos actions vers la manifestation de ce que vous avez visualisé.

Vous avez déjà en vous tout le pouvoir nécessaire pour manifester la vie de vos rêves. Lorsque vous alignez vos pensées, émotions et actions, vous êtes en mesure de créer une réalité qui reflète pleinement vos rêves les plus chers.

Alors, qu'allez-vous choisir d'attirer aujourd'hui ?

"Le bonheur, dans votre vie,
dépend de la qualité de vos pensées."
Marc Aurèle

"L'univers ne vous donne pas ce que vous voulez,
il vous donne ce que vous êtes."
Neale Donald Walsch

"Vous êtes un aimant vivant. Ce que vous
attirez dans votre vie est en harmonie
avec vos pensées dominantes."
Brian Tracy

La Méthode

3-6-9

Origine de la méthode

La méthode 3-6-9 puise ses racines dans les idées fascinantes de Nikola Tesla, l'un des esprits les plus brillants et visionnaires de l'histoire. Connu pour ses avancées révolutionnaires dans les domaines de l'électricité et de l'énergie, Tesla était également passionné par les mystères de l'univers et les principes invisibles qui gouvernent notre réalité. Ses travaux sur l'énergie libre et ses découvertes sur les fréquences vibratoires témoignent de sa compréhension unique des lois naturelles.

Tesla croyait fermement que certains nombres possédaient des significations profondes et une influence universelle. Parmi ces nombres, il citait souvent le 3, le 6 et le 9, les décrivant comme les "clés de l'univers". Pour lui, ces chiffres ne se contentaient pas d'être des symboles mathématiques, mais des forces vibratoires essentielles, présentes dans tout ce qui existe. Il observait ces chiffres dans les cycles naturels, comme les rotations des planètes, les rythmes biologiques, et les phénomènes énergétiques. Par exemple, le nombre 3 apparaît fréquemment dans la nature : trois phases d'une onde, trois dimensions de l'espace, ou encore les trois états de la matière.

Selon Tesla, le chiffre 3 symbolise la **connexion**, le point de départ de toute création et transformation. Il représente l'idée fondamentale que tout dans l'univers est interconnecté et que chaque pensée, chaque intention, s'enracine dans cette unité originelle. Le 6, quant à lui, incarne l'**équilibre** et la stabilité, essentiels pour structurer et nourrir les désirs. C'est le chiffre de la structure, de l'harmonie, qui donne forme à ce qui a commencé.

Enfin, le 9 représente **l'accomplissement**, l'aboutissement de la création, l'énergie de la complétude et de la réalisation. C'est le chiffre de la manifestation parfaite, l'énergie qui clôt le cycle de la création.

Bien que Tesla n'ait jamais explicitement relié ces chiffres à la manifestation de désirs ou de pensées, son intérêt pour les vibrations, les fréquences et l'énergie qu'ils déploient a inspiré la méthode 3-6-9, qui enchaîne la puissance de la répétition intentionnelle avec l'énergie vibratoire de ces chiffres universels. La méthode s'appuie sur l'idée que chaque répétition d'une intention est un signal envoyé à l'univers, une sorte de fréquence qui attire ce que l'on désire.

Pourquoi cette méthode fonctionne-t-elle ?

La méthode 3-6-9 fonctionne parce qu'elle repose sur deux principes fondamentaux de la manifestation : la répétition consciente et l'alignement énergétique.

1. La répétition crée un impact profond

Lorsque vous répétez une affirmation ou une intention, vous entraînez littéralement votre esprit à intégrer cette nouvelle réalité comme une vérité. Le cerveau fonctionne comme un système de programmation : plus vous lui donnez une information, plus il la considère comme importante et commence à orienter vos pensées, vos émotions et vos actions en conséquence.

Imaginez que vous graviez une pierre. Une seule inscription ne laisse qu'une légère marque, mais chaque répétition creuse davantage, jusqu'à ce que l'intention soit gravée profondément dans votre esprit. En répétant votre souhait plusieurs fois par jour, vous lui donnez de l'espace pour prendre racine et croître.

2. L'alignement énergétique est essentiel

Chaque pensée et émotion émet une vibration. En répétant vos désirs à des moments stratégiques de la journée, vous alignez votre énergie avec ce que vous voulez manifester. C'est comme accorder un instrument pour qu'il résonne parfaitement avec la mélodie que vous souhaitez entendre.

La structure même de la méthode – 3 répétitions le matin, 6 l'après-midi et 9 le soir – crée un cycle puissant. Elle maintient votre intention vivante tout au long de la journée et renforce l'idée que ce que vous désirez est déjà en chemin. Chaque répétition agit comme un signal envoyé à l'univers, un rappel constant de ce que vous voulez attirer dans votre vie.

Comment utiliser la méthode 3-6-9 dans ce journal ?

La méthode 3-6-9 est simple, mais sa simplicité ne doit pas être sous-estimée. Lorsqu'elle est utilisée avec intention et émotion, elle devient un outil incroyablement puissant. Voici comment l'intégrer dans votre pratique quotidienne avec ce journal :

1. Écrivez votre souhait : la première étape

Chaque jour, commencez par formuler un souhait, un objectif clair et précis que vous souhaitez atteindre.

Puis une affirmation pour ce souhait. Cette affirmation doit être rédigée au présent, comme si vous viviez déjà cette réalité.

Par exemple :
- "Je suis profondément épanouie dans ma carrière et je reçois une abondance d'opportunités qui me passionnent."
- "Je suis en parfaite santé et je ressens une énergie vibrante chaque jour."

Prenez le temps de vous connecter à cette affirmation. Plus vous la rendez spécifique et chargée d'émotion, plus elle sera puissante.

2. Répétez 3 fois le matin

Le matin, au réveil, votre esprit est particulièrement réceptif. Prenez votre journal et écrivez votre affirmation trois fois. Pendant que vous écrivez, imaginez que vous vivez déjà cette réalité. Ressentez pleinement les émotions associées : la joie, l'excitation, la gratitude.

Visualisez cette affirmation comme si elle était déjà accomplie. Par exemple, si vous souhaitez manifester une nouvelle maison, imaginez-vous en train d'ouvrir la porte, de sentir l'odeur fraîche de cet espace et de poser vos affaires dans votre nouvel environnement.

3. Répétez 6 fois l'après-midi

Au milieu de la journée, trouvez un moment de calme pour revenir à votre intention. Écrivez-la six fois dans votre journal. Cette étape renforce votre alignement et vous aide à rester connectée à votre souhait, même au cœur de vos activités quotidiennes.

Pendant ces répétitions, posez-vous cette question : Comment puis-je aujourd'hui incarner la personne qui vit déjà ce désir ? Cela pourrait vous inspirer à prendre une action concrète, aussi petite soit-elle, qui vous rapproche de votre objectif.

4. Répétez 9 fois le soir

Avant de vous endormir, terminez votre journée en écrivant votre affirmation neuf fois. L'état de relaxation qui précède le sommeil est un moment clé pour influencer votre subconscient. En répétant votre intention juste avant de dormir, vous l'imprimez profondément dans votre esprit.

Prenez une respiration profonde et laissez les émotions positives vous envelopper. Ressentez la gratitude comme si votre souhait s'était déjà matérialisé. Cette émotion agit comme un amplificateur, élevant votre vibration et envoyant un signal clair à l'univers.

La méthode 3-6-9 peut sembler répétitive, mais c'est précisément cette même répétition qui crée la magie et la transformation. Chaque écriture, chaque mot, chaque émotion est une brique ajoutée à la construction de vos rêves. Plus vous la pratiquez avec intention et constance, plus vous alignez votre énergie avec vos désirs les plus profonds.

La puissance de la répétition et des émotions

Une des raisons principales pour lesquelles la méthode 3-6-9 est si efficace réside dans la répétition consciente et l'intention associée à chaque phrase. Mais il est important de comprendre que ce n'est pas juste la répétition qui compte. C'est la qualité émotionnelle de ces répétitions qui détermine la force de la manifestation.

Chaque répétition crée un alignement avec vos désirs, mais c'est l'intensité de la répétition émotionnelle qui la renforce. Lorsque vous répétez votre souhait, vous ne devez pas simplement écrire des mots sur une page ; vous devez ressentir profondément ce que vous écrivez. Ce n'est pas une simple tâche à cocher, c'est une invitation à ressentir, à vibrer avec ce désir comme si vous l'aviez déjà réalisé. L'émotion est le catalyseur qui active la vibration de vos intentions.

Imaginez cela comme un signal radio : si vous écoutez une station, mais que la musique est faible, vous n'entendez pas pleinement la fréquence. Mais si vous ajustez bien les boutons pour amplifier le son, l'expérience devient claire et pleine de puissance. La répétition, accompagnée d'une émotion sincère, agit de cette manière. Plus votre émotion est forte, plus l'univers capte clairement votre fréquence et répond en conséquence.

L'impact de la méthode 3-6-9 sur votre subconscient

À chaque répétition, vous envoyez un message puissant à votre subconscient. Le subconscient est la partie de vous qui crée et régit votre réalité quotidienne, souvent sans que vous en soyez pleinement consciente. Il opère comme un moteur qui influence vos actions, vos pensées et même vos relations, souvent selon les schémas que vous lui avez programmés.

La méthode 3-6-9 aide à reprogrammer ce subconscient, en remplaçant les pensées limitantes ou négatives par des affirmations positives et alignées avec vos désirs. Cela prend du temps, mais chaque répétition est une occasion de redéfinir votre programme intérieur. En répétant ces intentions chaque jour, vous lui transmettez clairement ce que vous désirez, ce que vous méritez, ce que vous êtes prête à recevoir.

Chaque phrase écrite, chaque émotion vécue, chaque répétition produit un impact cumulatif qui finit par se manifester dans la réalité. C'est un travail constant et puissant qui transforme votre manière de penser, d'agir et de ressentir.

La méthode 3-6-9 et la loi de l'attraction : Un couple parfait

La méthode 3-6-9 est l'un des moyens les plus directs et concrets de canaliser la loi de l'attraction. Elle crée une vibration constante qui vous permet de rester connectée à ce que vous désirez, jour après jour. Le but n'est pas de simplement espérer que quelque chose se produise, mais de lancer un signal énergétique constant qui attire ce que vous voulez.

En répétant vos désirs le matin, l'après-midi et le soir, vous alignez votre énergie à différentes étapes de la journée. Vous créez un cycle énergique qui renforce constamment votre intention. Ce cycle d'alignement réveille votre confiance en l'univers, vous permettant d'ouvrir la porte aux opportunités tout au long de la journée.

Un exemple concret de la méthode 3-6-9

Disons que vous souhaitez manifester une relation amoureuse saine et épanouissante. Voici comment vous pourriez intégrer la méthode 3-6-9 dans votre quotidien :

- **Le matin (3 fois) :** Commencez votre journée en écrivant votre affirmation de manière claire et précise : "Je suis dans une relation amoureuse épanouissante, pleine d'amour, de respect et de complicité. Mon partenaire et moi nous soutenons et partageons des moments de bonheur." Répétez cette affirmation trois fois, tout en ressentant l'émotion de déjà vivre cette relation. Visualisez-vous en train de passer un moment tendre et joyeux avec votre partenaire idéal. Ressentez l'amour, la paix et l'harmonie.

- **L'après-midi (6 fois) :** Trouvez un moment dans votre journée pour vous recentrer. Rédigez à nouveau votre affirmation six fois dans votre journal. Pendant ces répétitions, posez-vous cette question : "Que puis-je faire aujourd'hui pour être plus ouverte à l'amour ?" Cela pourrait vous inspirer à adopter une attitude plus confiante ou à vous entourer d'énergie positive. Visualisez encore une fois cette relation, et ressentez-la de manière vivante et réelle.

- **Le soir (9 fois) :** Avant de vous endormir, terminez votre journée en écrivant neuf fois votre affirmation. Laissez-vous imprégner par la gratitude pour cette relation déjà manifestée. Fermez les yeux et ressentez cette abondance d'amour, la joie d'être en parfaite harmonie avec un partenaire. Ressentez profondément la gratitude comme si cette relation était déjà une réalité, et laissez cette émotion positive vous accompagner dans le sommeil.

Un conseil supplémentaire : l'importance de la constance

La constance est cruciale. Manifester demande du temps, mais aussi un engagement quotidien. La méthode 3-6-9 n'est pas une technique que vous appliquez sporadiquement lorsque vous en avez envie ; elle fonctionne véritablement lorsqu'elle est pratiquée avec discipline et persévérance. Chaque jour, sans exception, répétez les affirmations. Cela ne signifie pas que vous devez faire cela avec une pression ou une impatience ; au contraire, l'important est de garder une attitude de légèreté et de confiance.

Pensez à cette pratique comme à une forme de méditation active. Plus vous y consacrez de temps, plus vous vous ancrez dans la vibration de ce que vous désirez. N'ayez pas peur si les résultats ne sont pas immédiats : la magie de la méthode 3-6-9, tout comme la loi de l'attraction, opère souvent de manière subtile, avant de se manifester pleinement dans votre vie.

La méthode 3-6-9 comme un catalyseur de transformation

En adoptant cette méthode, vous commencez à vivre en harmonie avec votre vision de vie. Le plus beau dans la méthode 3-6-9, c'est qu'elle ne se limite pas simplement à l'attraction d'un désir particulier. Elle vous aide à vous transformer intérieurement, à vous aligner avec des énergies plus élevées, et à **attirer plus que ce que vous imaginiez**.

Plus vous pratiquez la méthode, plus vous allez ressentir un profond changement dans votre manière de percevoir la vie. Les opportunités commenceront à se présenter plus naturellement, les obstacles se dissiperont, et vous deviendrez un véritable aimant à succès, amour, prospérité... ou tout ce que vous désirez attirer dans votre vie.

Cette méthode, simple mais extraordinairement puissante, est un pas de plus vers la maîtrise de votre propre destin. Vous êtes à la fois la créatrice et l'architecte de votre réalité. Grâce à la répétition, à l'émotion et à votre alignement, vous mettez en mouvement les forces invisibles de l'univers pour manifester vos désirs les plus profonds.

Un petit geste qui compte beaucoup

Si ce journal vous plaît déjà, j'adorerais lire votre ressenti !

Laisser un commentaire prend moins d'une minute, mais c'est une aide précieuse pour faire connaître mon travail et toucher d'autres personnes qui en ont besoin.

Vos mots ont du pouvoir : ils peuvent inspirer, encourager et ouvrir de nouvelles portes à ceux qui, comme vous, veulent transformer leur vie.

Il vous suffit de scanner ce QR code et de partager votre expérience, même en quelques mots.

Merci infiniment pour votre soutien et votre belle énergie !

Virginie Fratelli

Conseils pour maximiser votre pratique

Créez un rituel personnel pour ancrer votre pratique

La clé pour que la méthode 3-6-9 fonctionne pleinement réside dans la constance, mais aussi dans le contexte dans lequel vous effectuez vos répétitions. Prenez le temps de créer un rituel personnel qui vous permet de vous connecter profondément à vos désirs. Voici quelques suggestions :

- **Choisissez un espace calme et dédié :** Trouvez un endroit où vous ne serez pas dérangé, que ce soit une pièce tranquille, un coin de votre chambre ou même un coin extérieur apaisant. L'environnement doit favoriser la concentration et la sérénité.

- **Utilisez des éléments qui créent une atmosphère positive :** Par exemple, allumez une bougie parfumée, écoutez de la musique douce et relaxante, ou diffusez des huiles essentielles qui vous apaisent et vous permettent de vous concentrer pleinement.

- **Instaurer un moment sacré :** Faites de ce rituel un moment sacré de votre journée. Laissez de côté toute distraction (téléphone, télévision, etc.) pour vous concentrer uniquement sur votre intention et la répétition. Ce moment sera l'occasion de vous reconnecter à vous-même et à vos désirs, et de vous donner pleinement à votre pratique.

L'idée est de créer un moment agréable, qui soit associé à des sensations positives et qui vous aide à vous plonger dans la pratique de manière intentionnelle.

Soyez constant et patient :
La patience est clé

La manifestation n'est pas un processus instantané, et il est important d'être **patient** et **conscient** que les résultats peuvent prendre du temps à se manifester dans la réalité. Bien que la méthode 3-6-9 soit puissante, l'univers a ses propres rythmes et parfois, il faut un peu de temps pour que les opportunités et les synchronicités arrivent.

Il est essentiel de faire preuve de **constance**. En pratiquant tous les jours, vous créez une **énergie continue** qui vous aligne sur vos désirs. Plus vous répétez la méthode, plus elle devient **intégrée à votre réalité.**

Recherchez la transformation intérieure, pas simplement les résultats extérieurs immédiats. Lorsque vous prenez cette approche, vous vous ouvrez à des possibilités infinies.

Nombre de jours minimum pour observer des résultats :

Pour que la méthode 3-6-9 ait un impact tangible sur votre vie, il est recommandé de la pratiquer **pendant au moins 21 jours consécutifs**. Cela permet non seulement de renforcer l'alignement énergétique, mais aussi de donner le temps à votre subconscient de s'ajuster à vos nouvelles intentions.

Vous pouvez bien sûr continuer au-delà de ces 21 jours, mais sachez qu'à partir de cette période, des changements commenceront à se manifester.

Faites preuve de souplesse et de confiance dans le processus

Parfois, les résultats peuvent arriver de manière inattendue. Gardez à l'esprit que les les voies de manifestation ne suivent pas toujours un chemin linéaire. L'univers peut vous apporter ce que vous désirez de façons que vous n'auriez pas imaginées. C'est pourquoi il est important de maintenir une ouverture et une confiance totale dans le processus.

Au fur et à mesure que vous vous engagez dans la méthode 3-6-9, observez les petits signes, les synchronicités et les changements subtils dans votre vie. C'est souvent dans ces détails que se trouve la magie.

En résumé :
1. **Créez un rituel personnel** pour ancrer la pratique dans un moment sacré et calme de votre journée.
2. **Soyez constant et patient.** La méthode demande du temps, alors soyez prête à investir les **21 jours minimum** nécessaires pour observer des résultats.
3. **Ressentez l'énergie positive** à chaque répétition et laissez vos émotions vibrer avec vos intentions.
4. **Faites preuve de confiance dans le processus**, en restant ouverte aux changements subtils et aux synchronicités.

Cela peut prendre du temps, mais chaque répétition vous rapproche de la manifestation de vos désirs. Et rappelez-vous, la clé est de rester dans la **gratitude** pour le processus, même si ce n'est pas formellement écrit dans ce journal. L'univers répond à l'énergie que vous envoyez.

Voici des affirmations qui vous accompagneront dans la pratique de la méthode 3-6-9. Elles sont simples, mais puissantes. Elles vous aident à ancrer vos intentions et à aligner votre énergie avec ce que vous désirez. Choisissez celles qui résonnent profondément en vous, ou créez les vôtres. Ce qui compte, c'est que chaque affirmation vous parle, qu'elle soit porteuse de vérité et de lumière.

Affirmations générales
- "Je suis ouvert(e) à recevoir toutes les bénédictions de l'univers."
- "Chaque jour, je crée ma réalité avec confiance et sérénité."
- "Je suis digne de vivre la vie de mes rêves."
- "Je suis un aimant pour les énergies positives et les miracles."
- "Chaque instant de ma vie m'apporte paix et épanouissement."

Affirmations pour la famille
- "Ma famille est unie, pleine d'amour et de compréhension."
- "Je suis entouré(e) de l'amour et du soutien de mes proches."
- "Je crée des relations harmonieuses et épanouissantes avec mes proches."
- "L'amour entre mes proches et moi grandit chaque jour."
- "Je contribue à créer un foyer rempli de joie et de sérénité."

Affirmations pour la vie sentimentale
- "J'attire l'amour véritable et l'harmonie dans ma vie."
- "Je mérite une relation pleine de respect, d'amour et de bonheur."
- "Je suis prêt(e) à accueillir l'amour dans ma vie."
- "Je partage une relation d'amour qui m'élève et m'inspire."
- "L'amour dans ma vie est une source infinie de joie et de croissance."

Affirmations pour la santé

- "Mon corps est sain, fort et plein d'énergie."
- "Je choisis chaque jour de nourrir mon corps avec des pensées et des habitudes saines."
- "Ma santé se renforce chaque jour, et je me sens de plus en plus vital(e)."
- "Je me libère de tout stress, et je choisis la santé et le bien-être."
- "Je me sens fort(e) et en pleine vitalité chaque jour."

Affirmations pour la vie professionnelle

- "Je suis compétent(e), créatif(ve) et je réussis dans ma carrière."
- "Ma carrière évolue de manière fluide et épanouissante."
- "Je travaille avec passion, et mes efforts sont reconnus et récompensés."

Affirmations pour l'abondance

- "Je mérite l'abondance dans tous les aspects de ma vie."
- "Je suis toujours guidé(e) vers des opportunités financières prospères."
- "L'argent circule facilement et librement dans ma vie."

Affirmations pour la confiance en soi

- "Je suis capable de tout accomplir avec confiance et détermination."
- "Je crois en mes talents, et je les partage avec le monde."
- "Chaque jour, je deviens la meilleure version de moi-même."

Maintenant, il est temps de prendre votre journal et de commencer à appliquer cette méthode. Le pouvoir de transformer votre vie est entre vos mains.

Le Journal

de Manifestation

3-6-9

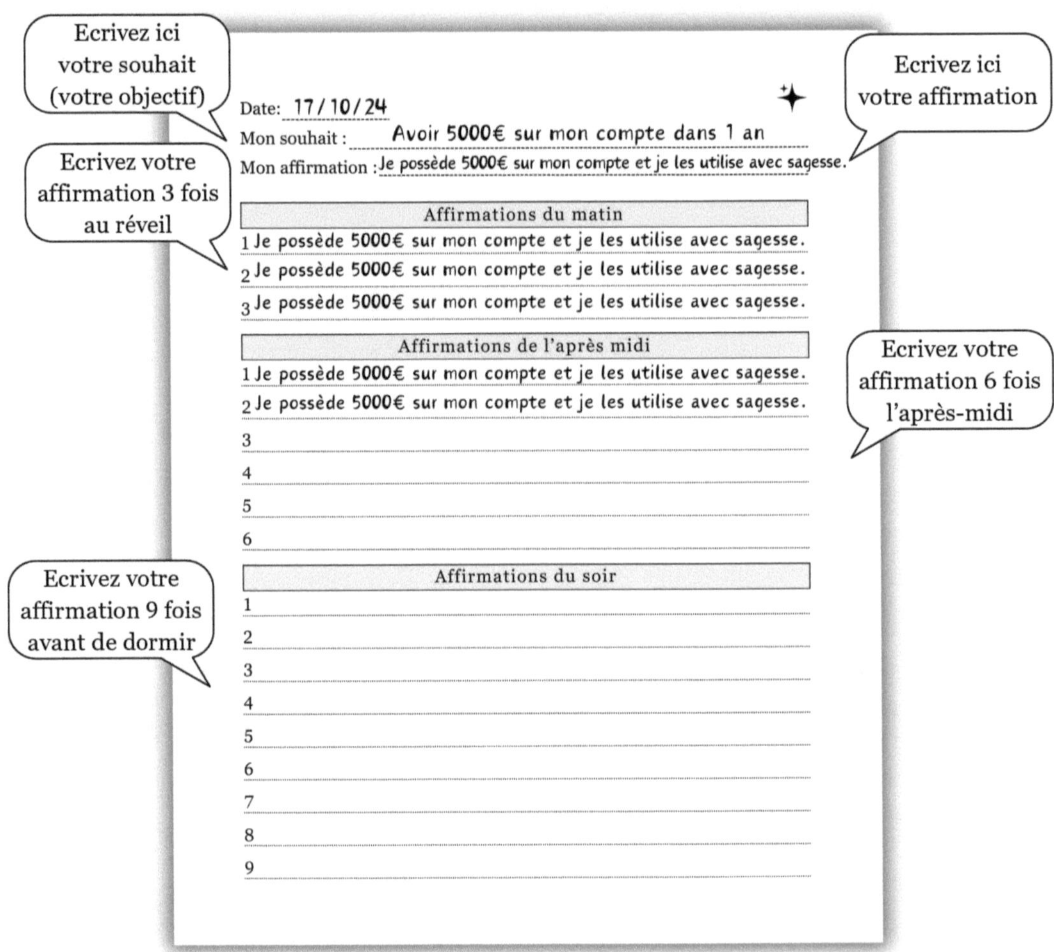

*Lorsque vous écrivez votre **souhait**, ce que vous souhaitez manifester, soyez aussi précis(e) que possible. Plus vous êtes clair(e) sur ce que vous désirez manifester, plus l'univers pourra répondre à vos attentes. Une intention précise attire une énergie ciblée.*

*Quand vous rédigez votre **affirmation**, prenez un moment pour visualiser votre désir comme déjà accompli. Ressentez la joie, la gratitude et l'accomplissement qui en découlent. Cette émotion, vivante et palpable, est la clé pour activer pleinement le pouvoir de manifestation.*

*Chaque mot que vous écrivez est une vibration, chaque pensée un pas vers la concrétisation de votre réalité. Vous créez la réalité que vous vivez en y mettant de la **clarté,** de l'**émotion** et de la **conviction.** La constance et la croyance en vos capacités sont essentielles pour faire de ce journal un véritable catalyseur de transformation.*

Date : _______________

Mon souhait : ____

Mon affirmation : ____

<table><tr><td>Affirmations du matin</td></tr></table>

1 ....

2 ....

3 ....

<table><tr><td>Affirmations de l'après-midi</td></tr></table>

1 ....

2 ....

3 ....

4 ....

5 ....

6 ....

<table><tr><td>Affirmations du soir</td></tr></table>

1 ....

2 ....

3 ....

4 ....

5 ....

6 ....

7 ....

8 ....

9 ....

Date : ___________________

Mon souhait : ....

Mon affirmation : ....

<table><tr><td colspan="2">Affirmations du matin</td></tr></table>

1 ....

2 ....

3 ....

<table><tr><td colspan="2">Affirmations de l'après-midi</td></tr></table>

1 ....

2 ....

3 ....

4 ....

5 ....

6 ....

<table><tr><td colspan="2">Affirmations du soir</td></tr></table>

1 ....

2 ....

3 ....

4 ....

5 ....

6 ....

7 ....

8 ....

9 ....

Date : _______________

Mon souhait : ____

Mon affirmation : ____

Affirmations du matin

1
2
3

Affirmations de l'après-midi

1
2
3
4
5
6

Affirmations du soir

1
2
3
4
5
6
7
8
9

Date : _______________________

Mon souhait : ____

Mon affirmation : ____

Affirmations du matin

1 ....

2 ....

3 ....

Affirmations de l'après-midi

1 ....

2 ....

3 ....

4 ....

5 ....

6 ....

Affirmations du soir

1 ....

2 ....

3 ....

4 ....

5 ....

6 ....

7 ....

8 ....

9 ....

Date : _____________

Mon souhait : ____

Mon affirmation : ____

Affirmations du matin

1 ____

2 ____

3 ____

Affirmations de l'après-midi

1 ____

2 ____

3 ____

4 ____

5 ____

6 ____

Affirmations du soir

1 ____

2 ____

3 ____

4 ____

5 ____

6 ____

7 ____

8 ____

9 ____

Date : ____________________

Mon souhait : ____

Mon affirmation : ____

Affirmations du matin

1 ....

2 ....

3 ....

Affirmations de l'après-midi

1 ....

2 ....

3 ....

4 ....

5 ....

6 ....

Affirmations du soir

1 ....

2 ....

3 ....

4 ....

5 ....

6 ....

7 ....

8 ....

9 ....

Date : ______________

Mon souhait : ________________________________

Mon affirmation : ______________________________

Affirmations du matin

1 ....

2 ....

3 ....

Affirmations de l'après-midi

1 ....

2 ....

3 ....

4 ....

5 ....

6 ....

Affirmations du soir

1 ....

2 ....

3 ....

4 ....

5 ....

6 ....

7 ....

8 ....

9 ....

Date : ....

Mon souhait : ....

Mon affirmation : ....

Affirmations du matin

1 ....

2 ....

3 ....

Affirmations de l'après-midi

1 ....

2 ....

3 ....

4 ....

5 ....

6 ....

Affirmations du soir

1 ....

2 ....

3 ....

4 ....

5 ....

6 ....

7 ....

8 ....

9 ....

Date : ___________________

Mon souhait : ____

Mon affirmation : ____

Affirmations du matin

1 ....

2 ....

3 ....

Affirmations de l'après-midi

1 ....

2 ....

3 ....

4 ....

5 ....

6 ....

Affirmations du soir

1 ....

2 ....

3 ....

4 ....

5 ....

6 ....

7 ....

8 ....

9 ....

Date : ....

Mon souhait : ....

Mon affirmation : ....

Affirmations du matin

1 ....

2 ....

3 ....

Affirmations de l'après-midi

1 ....

2 ....

3 ....

4 ....

5 ....

6 ....

Affirmations du soir

1 ....

2 ....

3 ....

4 ....

5 ....

6 ....

7 ....

8 ....

9 ....

Date : ________________

Mon souhait : ____

Mon affirmation : ____

Affirmations du matin

1 ....

2 ....

3 ....

Affirmations de l'après-midi

1 ....

2 ....

3 ....

4 ....

5 ....

6 ....

Affirmations du soir

1 ....

2 ....

3 ....

4 ....

5 ....

6 ....

7 ....

8 ....

9 ....

Date : ....

Mon souhait : ....

Mon affirmation : ....

Affirmations du matin

1 ....

2 ....

3 ....

Affirmations de l'après-midi

1 ....

2 ....

3 ....

4 ....

5 ....

6 ....

Affirmations du soir

1 ....

2 ....

3 ....

4 ....

5 ....

6 ....

7 ....

8 ....

9 ....

Date : _________________

Mon souhait : ____

Mon affirmation : ____

Affirmations du matin

1 ____

2 ____

3 ____

Affirmations de l'après-midi

1 ____

2 ____

3 ____

4 ____

5 ____

6 ____

Affirmations du soir

1 ____

2 ____

3 ____

4 ____

5 ____

6 ____

7 ____

8 ____

9 ____

Date : _________________

Mon souhait : ____

Mon affirmation : ____

<table><tr><td colspan="1">Affirmations du matin</td></tr></table>

1 ....

2 ....

3 ....

<table><tr><td colspan="1">Affirmations de l'après-midi</td></tr></table>

1 ....

2 ....

3 ....

4 ....

5 ....

6 ....

<table><tr><td colspan="1">Affirmations du soir</td></tr></table>

1 ....

2 ....

3 ....

4 ....

5 ....

6 ....

7 ....

8 ....

9 ....

Date : _______________

Mon souhait : ____

Mon affirmation : ____

Affirmations du matin

1 ....
2 ....
3 ....

Affirmations de l'après-midi

1 ....
2 ....
3 ....
4 ....
5 ....
6 ....

Affirmations du soir

1 ....
2 ....
3 ....
4 ....
5 ....
6 ....
7 ....
8 ....
9 ....

Date : ....

Mon souhait : ....

Mon affirmation : ....

Affirmations du matin

1 ....

2 ....

3 ....

Affirmations de l'après-midi

1 ....

2 ....

3 ....

4 ....

5 ....

6 ....

Affirmations du soir

1 ....

2 ....

3 ....

4 ....

5 ....

6 ....

7 ....

8 ....

9 ....

Date : ____________________

Mon souhait : --

Mon affirmation : --

<table>
<tr><td colspan="2">Affirmations du matin</td></tr>
</table>

1

2

3

<table>
<tr><td colspan="2">Affirmations de l'après-midi</td></tr>
</table>

1

2

3

4

5

6

<table>
<tr><td colspan="2">Affirmations du soir</td></tr>
</table>

1

2

3

4

5

6

7

8

9

Date : _____________________

Mon souhait : ____

Mon affirmation : ____

Affirmations du matin

1 ....

2 ....

3 ....

Affirmations de l'après-midi

1 ....

2 ....

3 ....

4 ....

5 ....

6 ....

Affirmations du soir

1 ....

2 ....

3 ....

4 ....

5 ....

6 ....

7 ....

8 ....

9 ....

Date : _______________

Mon souhait : ____

Mon affirmation : ____

Affirmations du matin

1 ....

2 ....

3 ....

Affirmations de l'après-midi

1 ....

2 ....

3 ....

4 ....

5 ....

6 ....

Affirmations du soir

1 ....

2 ....

3 ....

4 ....

5 ....

6 ....

7 ....

8 ....

9 ....

Date : ....

Mon souhait : ....

Mon affirmation : ....

<table>
<tr><td colspan="1">Affirmations du matin</td></tr>
</table>

1 ....

2 ....

3 ....

<table>
<tr><td colspan="1">Affirmations de l'après-midi</td></tr>
</table>

1 ....

2 ....

3 ....

4 ....

5 ....

6 ....

<table>
<tr><td colspan="1">Affirmations du soir</td></tr>
</table>

1 ....

2 ....

3 ....

4 ....

5 ....

6 ....

7 ....

8 ....

9 ....

Date : _______________

Mon souhait : ____

Mon affirmation : ____

Affirmations du matin

1 ....

2 ....

3 ....

Affirmations de l'après-midi

1 ....

2 ....

3 ....

4 ....

5 ....

6 ....

Affirmations du soir

1 ....

2 ....

3 ....

4 ....

5 ....

6 ....

7 ....

8 ....

9 ....

Date : _______________________

Mon souhait : ____

Mon affirmation : ____

<table>
<tr><td colspan="1">Affirmations du matin</td></tr>
</table>

1 ....

2 ....

3 ....

<table>
<tr><td colspan="1">Affirmations de l'après-midi</td></tr>
</table>

1 ....

2 ....

3 ....

4 ....

5 ....

6 ....

<table>
<tr><td colspan="1">Affirmations du soir</td></tr>
</table>

1 ....

2 ....

3 ....

4 ....

5 ....

6 ....

7 ....

8 ....

9 ....

Date : _______________

Mon souhait : ____

Mon affirmation : ____

Affirmations du matin

1
2
3

Affirmations de l'après-midi

1
2
3
4
5
6

Affirmations du soir

1
2
3
4
5
6
7
8
9

Date : ___________________

Mon souhait : ____

Mon affirmation : ____

Affirmations du matin

1 ....

2 ....

3 ....

Affirmations de l'après-midi

1 ....

2 ....

3 ....

4 ....

5 ....

6 ....

Affirmations du soir

1 ....

2 ....

3 ....

4 ....

5 ....

6 ....

7 ....

8 ....

9 ....

Date : ______________________

Mon souhait : ____

Mon affirmation : ____

Affirmations du matin

1 ....

2 ....

3 ....

Affirmations de l'après-midi

1 ....

2 ....

3 ....

4 ....

5 ....

6 ....

Affirmations du soir

1 ....

2 ....

3 ....

4 ....

5 ....

6 ....

7 ....

8 ....

9 ....

Date : ....

Mon souhait : ....

Mon affirmation : ....

Affirmations du matin

1 ....

2 ....

3 ....

Affirmations de l'après-midi

1 ....

2 ....

3 ....

4 ....

5 ....

6 ....

Affirmations du soir

1 ....

2 ....

3 ....

4 ....

5 ....

6 ....

7 ....

8 ....

9 ....

Date : ____________________

Mon souhait : ____

Mon affirmation : ____

Affirmations du matin

1 ....

2 ....

3 ....

Affirmations de l'après-midi

1 ....

2 ....

3 ....

4 ....

5 ....

6 ....

Affirmations du soir

1 ....

2 ....

3 ....

4 ....

5 ....

6 ....

7 ....

8 ....

9 ....

Date : ....

Mon souhait : ....

Mon affirmation : ....

Affirmations du matin

1 ....

2 ....

3 ....

Affirmations de l'après-midi

1 ....

2 ....

3 ....

4 ....

5 ....

6 ....

Affirmations du soir

1 ....

2 ....

3 ....

4 ....

5 ....

6 ....

7 ....

8 ....

9 ....

Date : _______________

Mon souhait : ____

Mon affirmation : ____

Affirmations du matin

1 ....

2 ....

3 ....

Affirmations de l'après-midi

1 ....

2 ....

3 ....

4 ....

5 ....

6 ....

Affirmations du soir

1 ....

2 ....

3 ....

4 ....

5 ....

6 ....

7 ....

8 ....

9 ....

Date : ....

Mon souhait : ....

Mon affirmation : ....

Affirmations du matin

1 ....

2 ....

3 ....

Affirmations de l'après-midi

1 ....

2 ....

3 ....

4 ....

5 ....

6 ....

Affirmations du soir

1 ....

2 ....

3 ....

4 ....

5 ....

6 ....

7 ....

8 ....

9 ....

Date : ....

Mon souhait : ....

Mon affirmation : ....

Affirmations du matin

1 ....

2 ....

3 ....

Affirmations de l'après-midi

1 ....

2 ....

3 ....

4 ....

5 ....

6 ....

Affirmations du soir

1 ....

2 ....

3 ....

4 ....

5 ....

6 ....

7 ....

8 ....

9 ....

Date : ....

Mon souhait : ....

Mon affirmation : ....

Affirmations du matin

1 ....

2 ....

3 ....

Affirmations de l'après-midi

1 ....

2 ....

3 ....

4 ....

5 ....

6 ....

Affirmations du soir

1 ....

2 ....

3 ....

4 ....

5 ....

6 ....

7 ....

8 ....

9 ....

Date : ----------------------------------

Mon souhait : --

Mon affirmation : --

<table>
<tr><td colspan="2">Affirmations du matin</td></tr>
</table>

1

2

3

<table>
<tr><td colspan="2">Affirmations de l'après-midi</td></tr>
</table>

1

2

3

4

5

6

<table>
<tr><td colspan="2">Affirmations du soir</td></tr>
</table>

1

2

3

4

5

6

7

8

9

Date : ....

Mon souhait : ....

Mon affirmation : ....

Affirmations du matin

1 ....

2 ....

3 ....

Affirmations de l'après-midi

1 ....

2 ....

3 ....

4 ....

5 ....

6 ....

Affirmations du soir

1 ....

2 ....

3 ....

4 ....

5 ....

6 ....

7 ....

8 ....

9 ....

Date : ....

Mon souhait : ....

Mon affirmation : ....

Affirmations du matin

1 ....

2 ....

3 ....

Affirmations de l'après-midi

1 ....

2 ....

3 ....

4 ....

5 ....

6 ....

Affirmations du soir

1 ....

2 ....

3 ....

4 ....

5 ....

6 ....

7 ....

8 ....

9 ....

Date : _______________

Mon souhait : ____

Mon affirmation : ____

Affirmations du matin

1 ....

2 ....

3 ....

Affirmations de l'après-midi

1 ....

2 ....

3 ....

4 ....

5 ....

6 ....

Affirmations du soir

1 ....

2 ....

3 ....

4 ....

5 ....

6 ....

7 ....

8 ....

9 ....

Date : ....

Mon souhait : ....

Mon affirmation : ....

Affirmations du matin

1 ....

2 ....

3 ....

Affirmations de l'après-midi

1 ....

2 ....

3 ....

4 ....

5 ....

6 ....

Affirmations du soir

1 ....

2 ....

3 ....

4 ....

5 ....

6 ....

7 ....

8 ....

9 ....

Date : ....

Mon souhait : ....

Mon affirmation : ....

Affirmations du matin

1 ....

2 ....

3 ....

Affirmations de l'après-midi

1 ....

2 ....

3 ....

4 ....

5 ....

6 ....

Affirmations du soir

1 ....

2 ....

3 ....

4 ....

5 ....

6 ....

7 ....

8 ....

9 ....

Date : _______________

Mon souhait : ____

Mon affirmation : ____

Affirmations du matin

1

2

3

Affirmations de l'après-midi

1

2

3

4

5

6

Affirmations du soir

1

2

3

4

5

6

7

8

9

Date : ....

Mon souhait : ....

Mon affirmation : ....

Affirmations du matin

1 ....

2 ....

3 ....

Affirmations de l'après-midi

1 ....

2 ....

3 ....

4 ....

5 ....

6 ....

Affirmations du soir

1 ....

2 ....

3 ....

4 ....

5 ....

6 ....

7 ....

8 ....

9 ....

Date : ______________________

Mon souhait : ____

Mon affirmation : ____

Affirmations du matin

1 ....

2 ....

3 ....

Affirmations de l'après-midi

1 ....

2 ....

3 ....

4 ....

5 ....

6 ....

Affirmations du soir

1 ....

2 ....

3 ....

4 ....

5 ....

6 ....

7 ....

8 ....

9 ....

Date : ....

Mon souhait : ....

Mon affirmation : ....

<table><tr><td colspan="1">Affirmations du matin</td></tr></table>

1 ....

2 ....

3 ....

<table><tr><td colspan="1">Affirmations de l'après-midi</td></tr></table>

1 ....

2 ....

3 ....

4 ....

5 ....

6 ....

<table><tr><td colspan="1">Affirmations du soir</td></tr></table>

1 ....

2 ....

3 ....

4 ....

5 ....

6 ....

7 ....

8 ....

9 ....

Conclusion

Félicitations, vous avez terminé la première étape de votre voyage de manifestation ! En choisissant ce journal et en vous engageant dans la méthode 3-6-9, vous avez pris une décision puissante pour transformer votre vie. Vous êtes maintenant équipée pour créer la réalité que vous désirez, une pensée, une émotion et une affirmation à la fois.

Rappelez-vous toujours que **vous êtes le créateur de votre réalité**. Vous avez en vous tout le pouvoir nécessaire pour attirer à vous ce que vous souhaitez. Ne sous-estimez jamais l'impact de vos pensées et de vos intentions. Ce que vous semez aujourd'hui en énergie positive, vous le récolterez demain sous forme de manifestations concrètes.

Continuez à croire en vos rêves. Ils ne sont pas là pour être un fantasme lointain, mais pour devenir votre réalité. La méthode 3-6-9 est un outil puissant, mais c'est votre engagement et votre foi en vous qui seront les véritables catalyseurs de la transformation. N'abandonnez jamais, même lorsque vous traversez des moments d'incertitude. Soyez patiente, persévérante et toujours ancrée dans la conviction que vous méritez le meilleur. Vous êtes capable de manifester tout ce que vous désirez, et chaque jour est un pas de plus vers l'accomplissement de votre vision.

Conseils pour aller plus loin

Il se peut que, au fil du temps, vos désirs et objectifs évoluent. C'est tout à fait normal ! La pratique de la manifestation est fluide et dynamique. Une fois que vous aurez atteint certains objectifs, pourquoi ne pas utiliser à nouveau ce journal pour manifester de nouveaux rêves ou explorer d'autres aspects de votre vie ?

- **Réutiliser le journal régulièrement :** N'hésitez pas à revenir régulièrement à ce journal de manifestation pour continuer à attirer ce que vous désirez. Vous pouvez adapter vos affirmations en fonction de vos nouveaux objectifs, ou même ajuster la méthode 3-6-9 pour de nouveaux projets.

- **Créez de nouvelles affirmations :** Chaque fois que vous ressentez l'envie de manifester quelque chose de nouveau, créez une nouvelle affirmation. Assurez-vous qu'elle soit claire, positive et au présent, comme si ce que vous désirez était déjà là. C'est ainsi que vous alignerez votre énergie sur vos intentions, renforçant ainsi le pouvoir de vos pensées.

- **Répétez à haute voix ou devant un miroir :** Vous pouvez également dire vos affirmations à haute voix ou vous regarder dans un miroir pendant que vous répétez vos souhaits. Cela donne une dimension supplémentaire à la pratique en vous permettant de sentir l'énergie de vos mots de manière encore plus forte et plus ancrée. Votre voix et votre regard dans le miroir agissent comme des canaux puissants pour renforcer l'impact de vos intentions.

- **Créez votre vision board :** En plus de l'écriture et des affirmations, pourquoi ne pas créer un vision board ? Ce tableau de vision visuel est un excellent moyen d'ancrer vos rêves dans le monde matériel. En y collant des images, des mots ou des symboles qui représentent ce que vous désirez, vous avez un rappel quotidien de vos intentions. Le vision board vous aide à visualiser vos objectifs de manière concrète et à activer la loi de l'attraction en alignant vos pensées et émotions avec ce que vous souhaitez attirer dans votre vie. Placez-le à un endroit visible pour que chaque regard porté dessus vous rappelle l'énergie que vous mettez dans la manifestation de vos rêves.

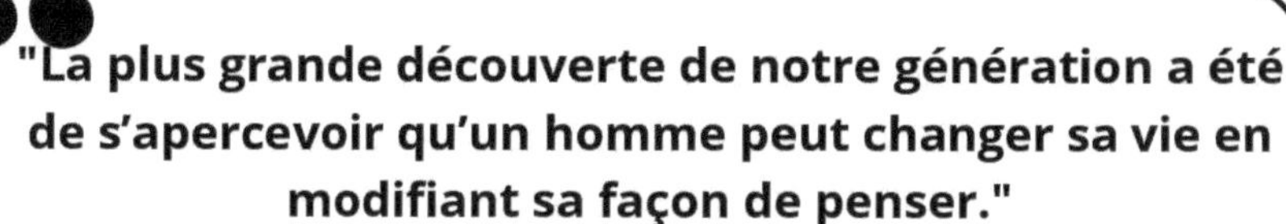

"La plus grande découverte de notre génération a été de s'apercevoir qu'un homme peut changer sa vie en modifiant sa façon de penser."
William James

"Ce que vous ressentez en ce moment est ce que vous attirez dans votre vie."
Esther Hicks

"Le pouvoir de la pensée est plus fort que n'importe quelle force dans l'univers."
Albert Einstein

"Le monde vous offre toujours ce que vous pensez mériter."
Louisa May Alcott

Lectures complémentaires

Pour approfondir votre pratique de la manifestation et de la loi de l'attraction, voici quelques livres que je vous recommande :

"Le Secret" de Rhonda Byrne
Ce livre est l'une des références majeures sur la loi de l'attraction. Il explique comment nos pensées créent notre réalité et comment utiliser la loi de l'attraction pour manifester ce que nous désirons.

"Les 7 Lois Spirituelles du Succès" de Deepak Chopra
Un livre fascinant qui explore des principes spirituels profonds pour attirer l'abondance dans tous les domaines de votre vie.

"Réfléchissez et Devenez Riche" de Napoleon Hill
Bien que centré sur la réussite financière, ce livre offre des principes universels sur la pensée positive et la manifestation des objectifs.

"Demandez et vous recevrez" de Esther et Jerry Hicks
Ce livre s'appuie sur les enseignements de Abraham, un collectif spirituel, pour vous aider à comprendre et utiliser la loi de l'attraction de manière plus consciente.

Un outil complémentaire pour nourrir votre bien-être :
Le Journal de Gratitude

La gratitude est une pratique puissante qui nourrit l'équilibre intérieur et renforce la résilience émotionnelle. Des études ont démontré que la pratique régulière de la gratitude améliore l'humeur, réduit le stress et favorise un bien-être durable. C'est pourquoi j'ai créé le Journal de Gratitude, un outil conçu pour vous accompagner au quotidien et intégrer cette pratique dans votre vie.

En prenant 5 minutes chaque jour pour écrire vos pensées et émotions, vous ouvrez un espace de réflexion, de bienveillance et de reconnexion avec ce qui est beau et positif dans votre vie. Ce journal est un véritable allié qui vous guidera à travers des questions, des mantras et des défis pensés pour nourrir votre sensibilité et renforcer votre bien-être.

Si ce livre vous a inspiré, il est temps de franchir une nouvelle étape.

Scannez le QR code ci-dessous pour découvrir ce journal qui vous accompagnera dans votre cheminement vers une transformation personnelle durable.

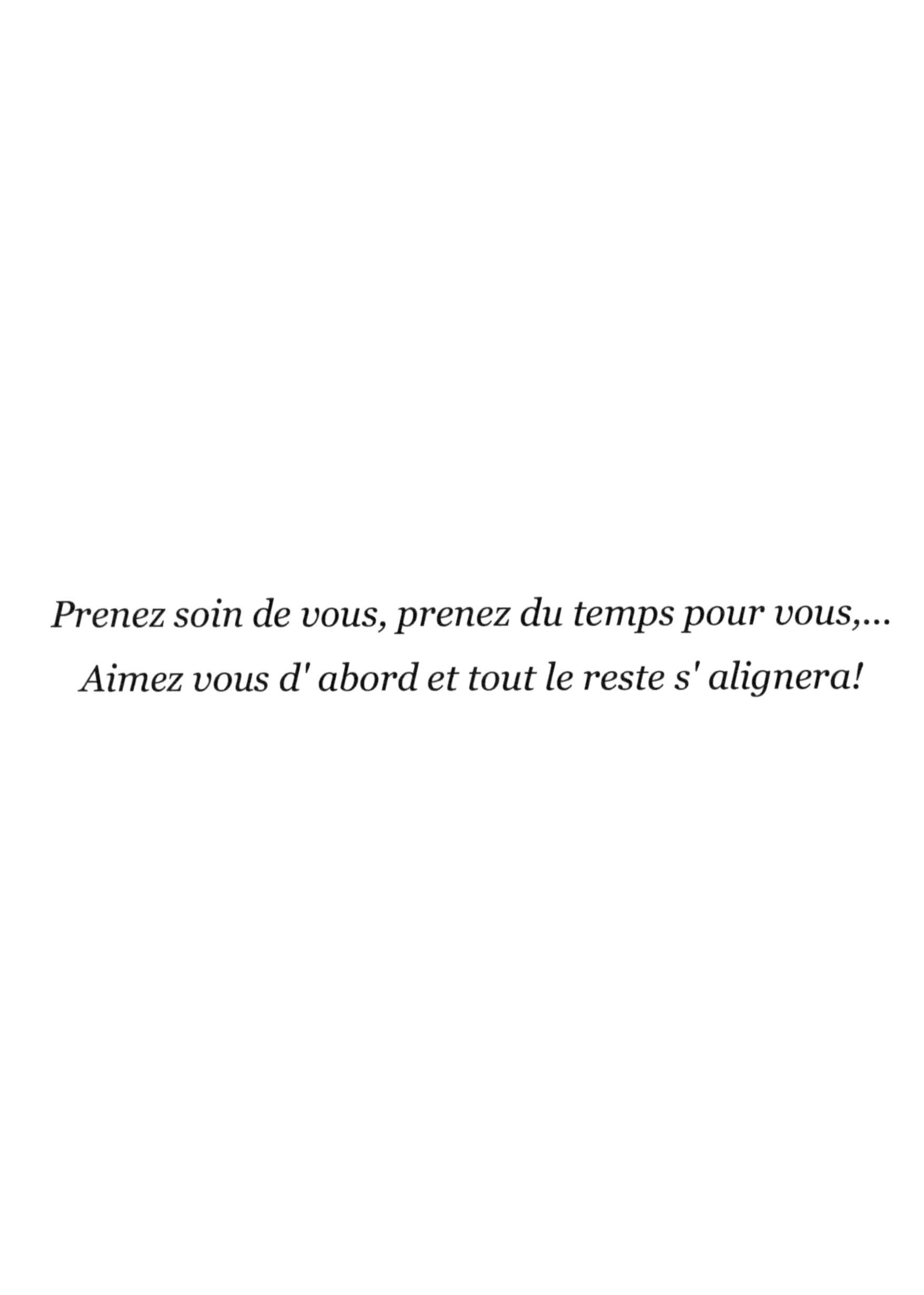
Prenez soin de vous, prenez du temps pour vous,...
Aimez vous d' abord et tout le reste s' alignera!